Publié en 2015 par

Blue Lotus Books

5858 ave du Parc

Montreal, QC H2V 4H3

courriel: editor@bluelotusbooks.com

Méticuleusement conçu pour relever le niveau habituel des albums à colorier, ce livre propose une balade mystérieuse dans le monde exquis d'Alfons Maria Mucha. Tous les dessins sont amoureusement adaptés et reproduits à la main pour vous rapprocher le plus possible de son art et de son esprit, et ce, avec style. La mise en page s'inspire de l'œuvre de Mucha. Elle est conçue pour vous ravir et vous transporter au cœur de l'univers de l'artiste.

Laissez-vous inspirer par l'un des grands maîtres du 20e siècle et appropriez-vous une part de son génie en utilisant la palette de couleurs qui vous sied le mieux. Relevez le défi que posent ses dessins complexes, ou bien accordez-vous un moment de détente en vous abandonnant aux compositions plus simples du livre. Plongez dans un chapitre de l'histoire de l'art tout en poussant votre art du coloriage à un niveau inédit. En d'autres mots, amusez-vous!

Da Zain

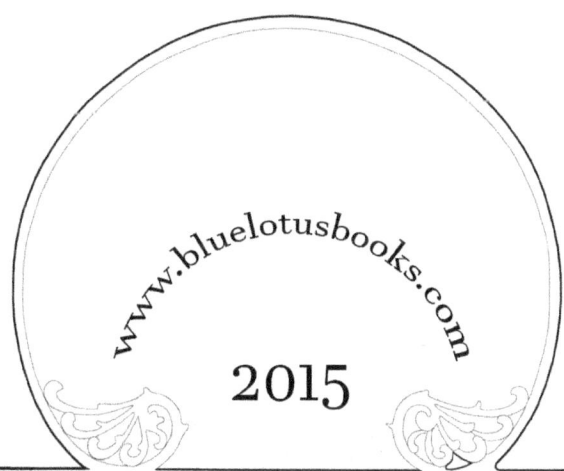

www.bluelotusbooks.com

2015

Art Nouveau

L'avènement de la photographie au 19e siècle a déclenché une crise et révolutionné les arts visuels traditionnels. La notion de l'art comme reflet de la réalité, c'est-à-dire un moyen de capturer l'espace et le temps, s'est vu bouleversée par la fidélité des images photographiques. Les artistes ont commencé à réexaminer et à redéfinir l'art, ils se sont mis à questionner les écoles traditionnelles et à se démarquer de l'approche académique. L'art est entré dans la modernité, guidé en cela par divers mouvements artistiques. Il a rompu avec les styles traditionnels et il a réinventé la forme.

Le terme Art Nouveau est celui qu'on emploie pour qualifier l'un de ces mouvements sécessionnistes du début du 20e siècle. Ce style a émergé simultanément dans plusieurs pays , lesquels lui ont donné une variété de noms : Sécession en Autriche-Hongrie, Arts and Crafts en Grande-Bretagne, moderne en Russie, Jugendstil en Allemagne, et Modernisme en Espagne. Inspiré par les avancées techniques de l'industrie, cet art nouveau se servait de nouveaux matériaux et mettait en œuvre de nouvelles techniques pour repositionner l'art à l'ère industrielle.

Il est ainsi devenu le premier mouvement à prioriser la reproduction massive par opposition aux techniques d'impression traditionnelles à éditions limitées, un mouvement qui est à la base de l'art d'Alfons Mucha. De nombreuses œuvres dans ce livre étaient destinées à la reproduction de masse. En outre, Mucha a souvent réutilisé ses dessins dans une variété de projets, et il appliquait fréquemment à ses images plus d'une palette de couleurs. C'est aussi l'une des raisons qui expliquent pourquoi son travail convient si bien au livre de coloriage - en coloriant les dessins de Mucha, le coloriste perpétue son art et prolonge la démarche de l'artiste.

Mais la popularité de son art commercial n'enthousiasmait guère Mucha, qui croyait que le but de l'art était de canaliser les messages de l'esprit. C'est la raison pour laquelle colorier ces dessins en gardant un esprit méditatif serait le meilleur hommage que le coloriste amateur puisse faire à cet artiste remarquable en plus de puiser dans les ressources de son propre intellect.

Conscients des multiples possibilités qu'offrait l'industrialisation, les créateurs de l'Art Nouveau ont mis l'accent sur le design, et le travail de Mucha en témoigne: son usage de la ligne pouvait s'adapter aussi bien à la peinture qu'à l'impression et le design commercial. Les images produites pour ses projets commerciaux se retrouvent dans ses tableaux et laissent voir comment ces différents moyens d'expression s'enrichissaient les uns les autres. La frontière entre les arts plastiques et les arts appliqués est devenue floue, l'original devenant un produit de masse et inversement. Cette transgression de l'Art Nouveau à la frontière des arts visuels et des techniques de reproduction fut l'une des principales caractéristiques de son style. La conception de ce livre rend hommage à la façon dont l'Art Nouveau a imprégné tous les aspects de la culture de masse - chaque page est conçue et présentée comme une œuvre visuelle, comme un objet de design qui est aussi de l'art.

Alfons Mucha fut un pionnier du style et il a transmis sa vision au public parisien en produisant une série d'affiches pour Sarah Bernhardt, ce qui l'a propulsé sous les projecteurs dans le milieu de l'art parisien. Son influence devint si grande qu'avant même que le terme d' Art Nouveau soit inventé en France, on disait de ce style qu'il était celui de Mucha.

Alfons Maria Mucha (1869-1939)

Alfons Maria Mucha (aussi connu sous le nom d'Alphonse Maria Mucha) est né en 1869 dans la ville de Ivancice, en Moravie (alors en Autriche-Hongrie et actuellement en République tchèque). Il a reçu son enseignement secondaire en Moravie, puis a travaillé comme décorateur de théâtre, muraliste et concepteur graphique en Moravie et à Vienne, avant de rejoindre l'Académie des Arts de Munich. Il fit partie d'un groupe d'étudiants/artistes Slaves qui a marqué le début de son engagement envers un idéal artistique pan-Slave. En 1897, Mucha déménage à Paris pour poursuivre ses études universitaires tout en pratiquant son art. Il travaillait principalement comme illustrateur pour des magazines et des annonceurs quand en 1895 quand il fût engagé pour faire une affiche pour un spectacle de Sarah Bernhardt. Cela lui permis de décrocher un contrat de 6 ans avec l'actrice, et un contrat avec Champenois, l'un des principaux imprimeurs de l'époque. Il est devenu un nom reconnu dans le monde entier. Comme tête de file de l' Art Nouveau , Mucha a produit un imposant corpus de travail dans la peinture, la gravure, et la conception de l'objet, en Europe,en Amérique du Nord et au Moyen-Orient, mais son rêve devait se concrétiser sur une importante série de grands tableaux appelés l'Épopée Slave. Après avoir obtenu le soutien financier de l'Américain Charles Richard Crane, il retourne dans sa patrie pour réaliser le projet qui lui a pris presque 18 ans à terminer. En 1918, après la dissolution de l'Autriche-Hongrie à la fin de la Première Guerre mondiale, et de la consolidation de la Tchécoslovaquie, les dessins de Mucha sont apparus sur les premiers timbres-poste tchécoslovaques. L'année suivante, ils sont apparus sur les billets de banque nationaux. En 1928, Mucha et Charles Richard Grues présentent l'œuvre complète Épopée Slave à la ville de Prague pour marquer le 10e anniversaire de la création de la Tchécoslovaquie.

Les derniers travaux de Mucha furent axés sur des projets de grand format et de peinture murale. Après l'arrivée d'Hitler au pouvoir, Mucha a amorcé des recherches en vue de créer un tableau sur les horreurs de la guerre. D'autre part, le nationalisme Slave en général et le travail de Mucha en particulier furent dénoncés comme étant réactionnaires. En 1938, sa santé commence à se détériorer. Après l'annexion nazie de la Tchécoslovaquie, Mucha est arrêté par la Gestapo, mais libéré après plusieurs jours d'interrogatoires. Son état de santé continue de se détériorer et il meurt plus tard cette même année de 1939, 10 jours avant son 79e anniversaire.

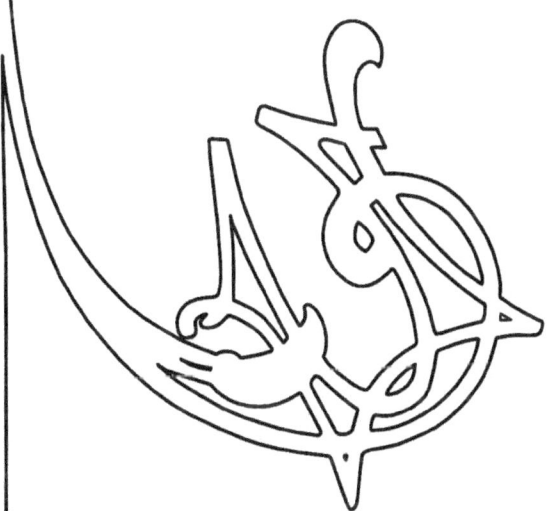

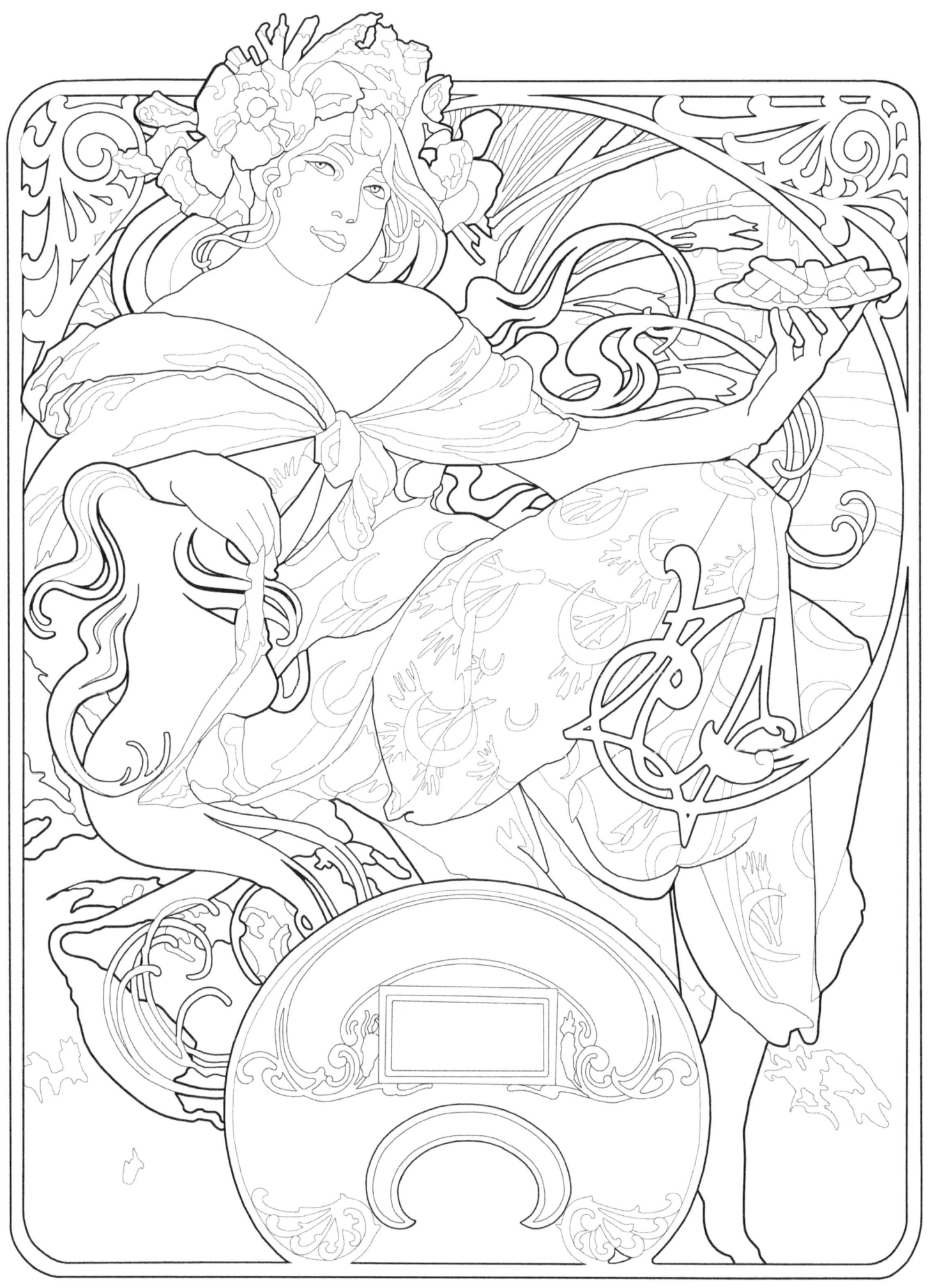

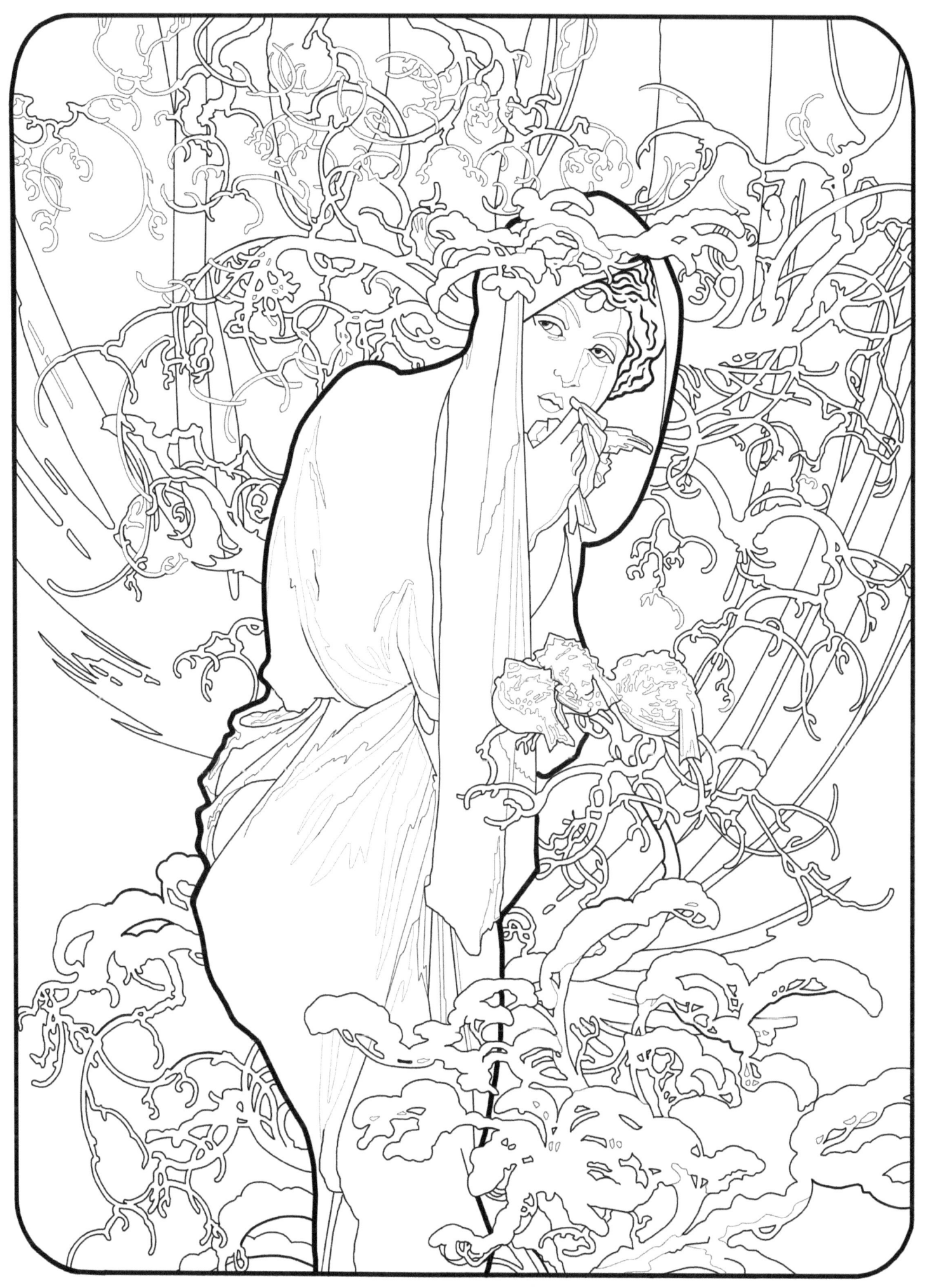

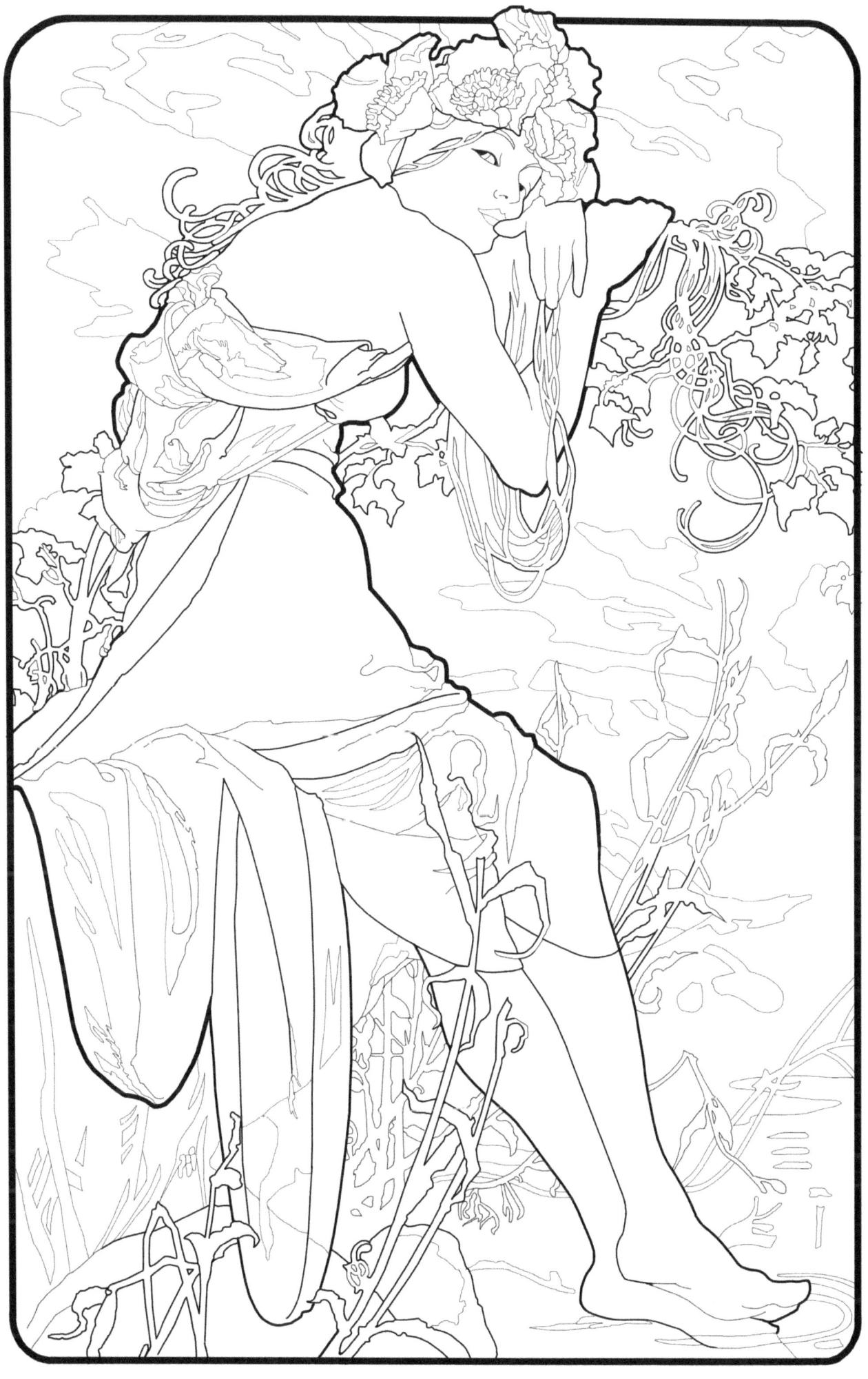

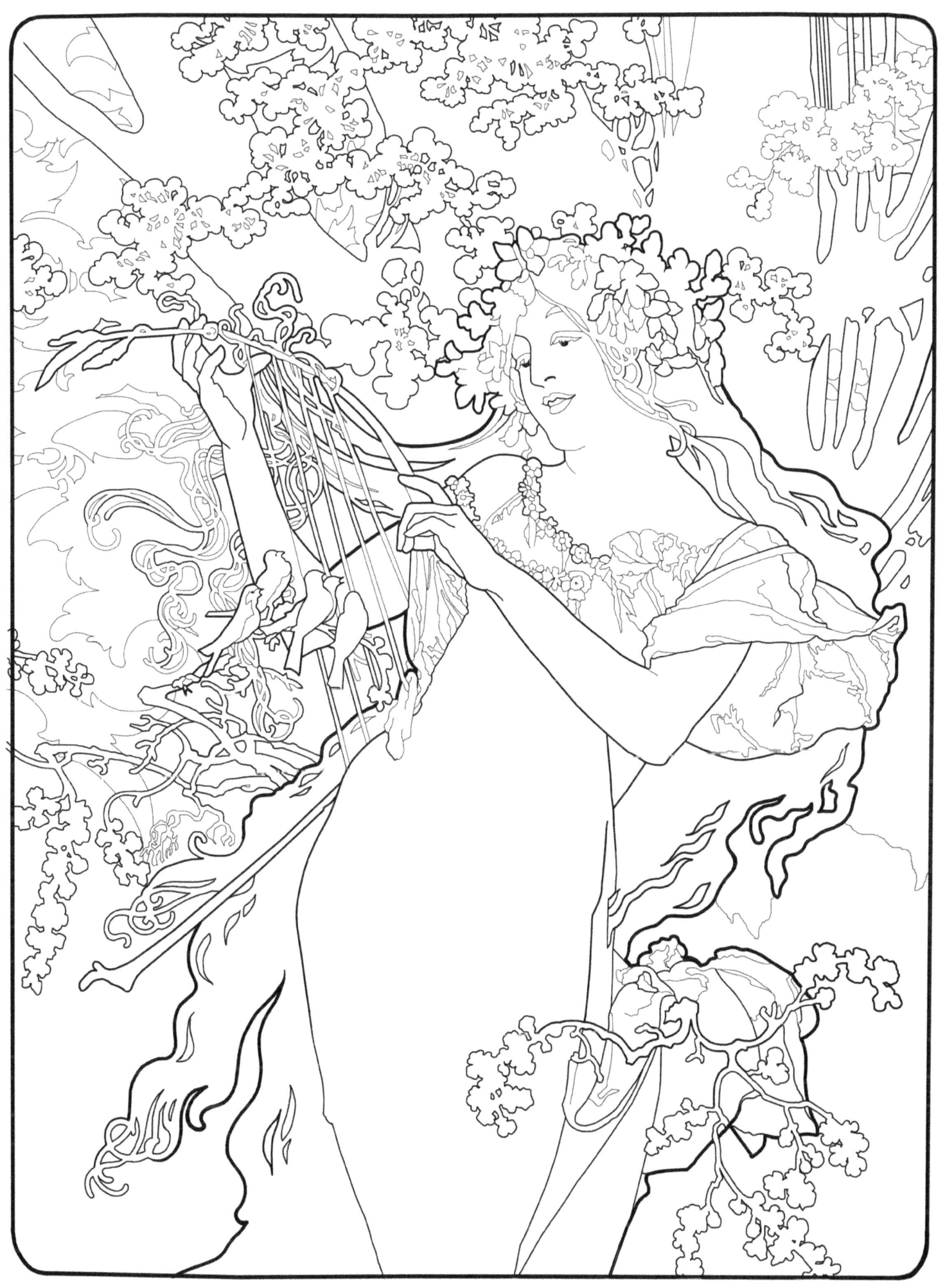

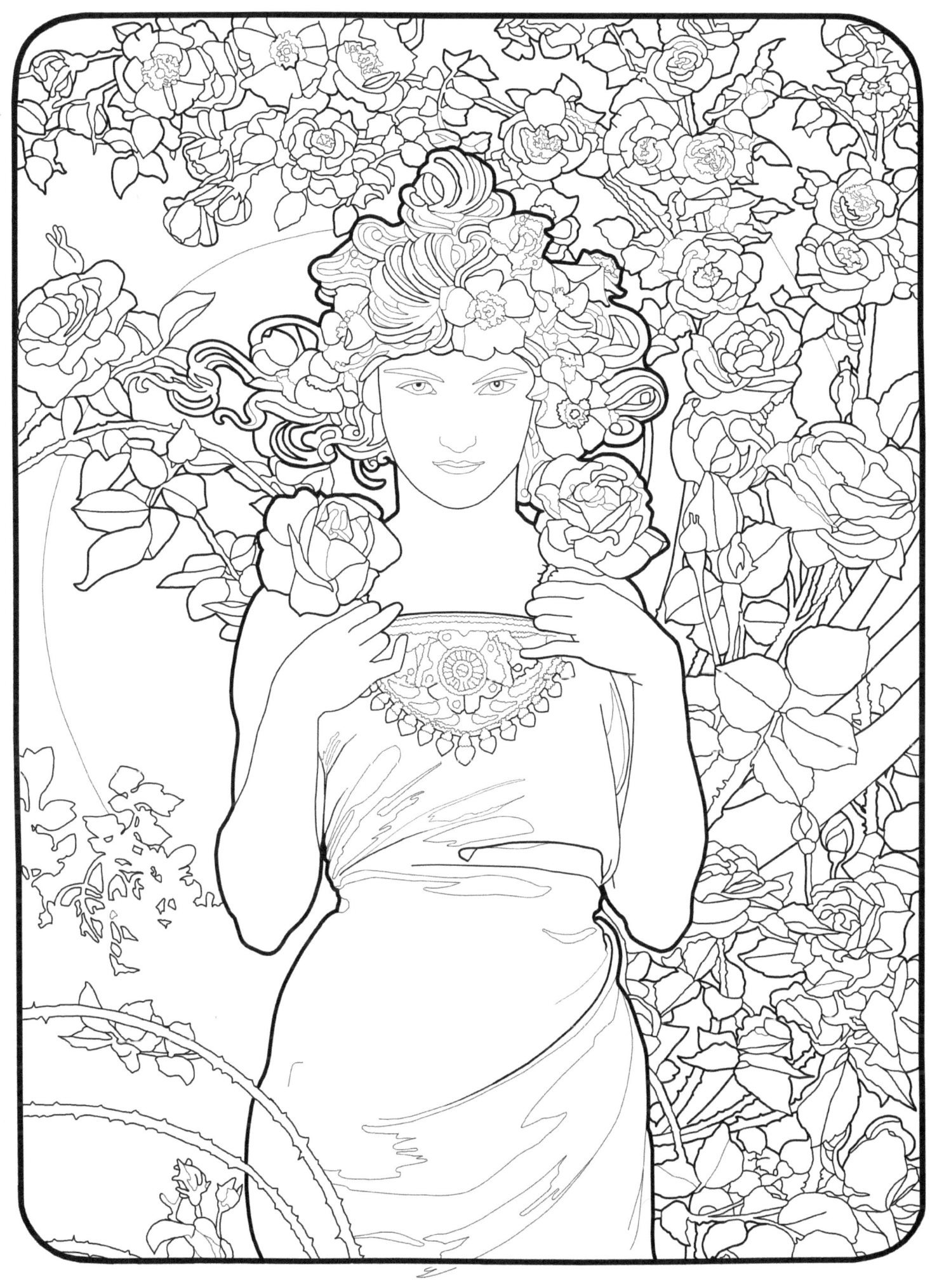

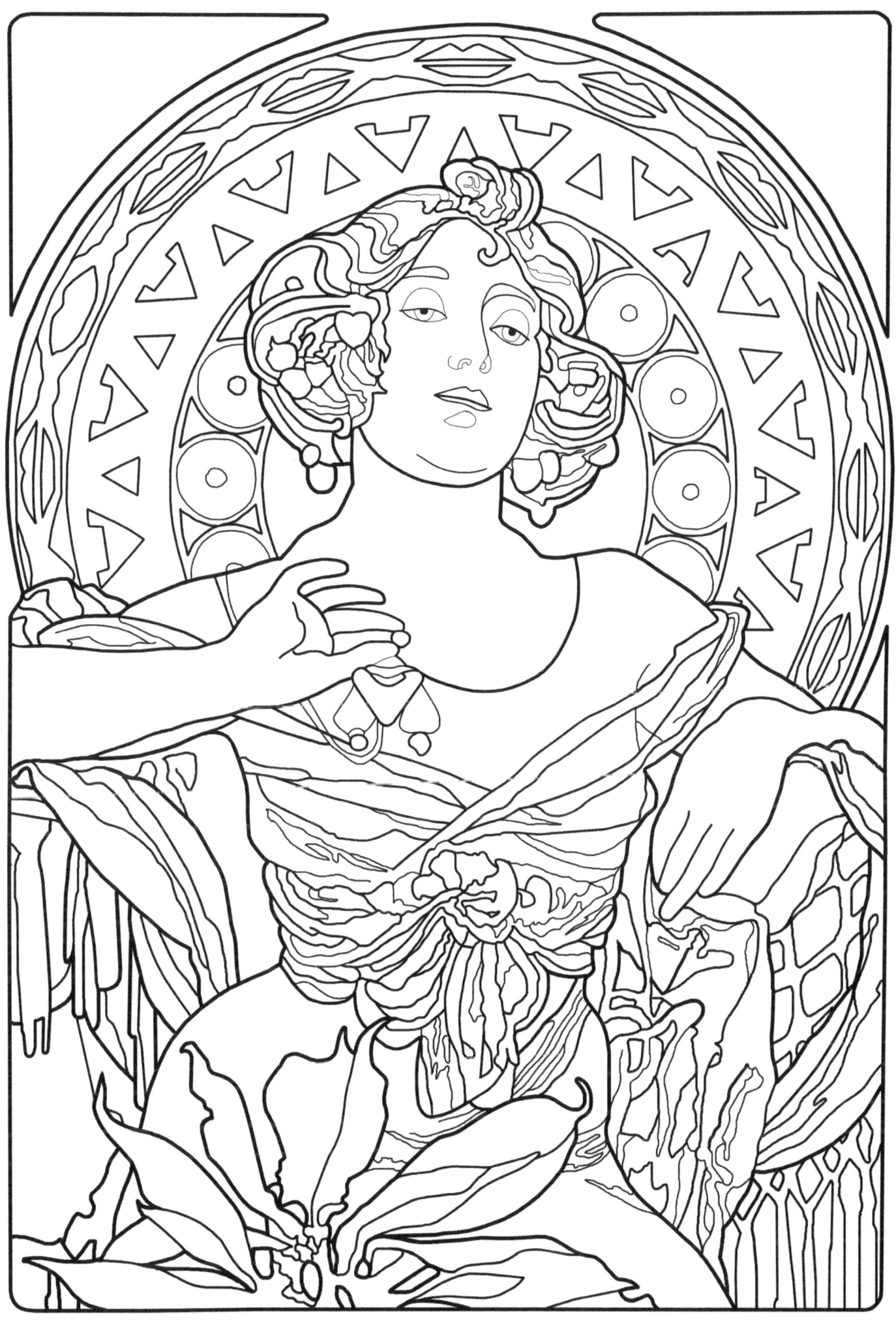

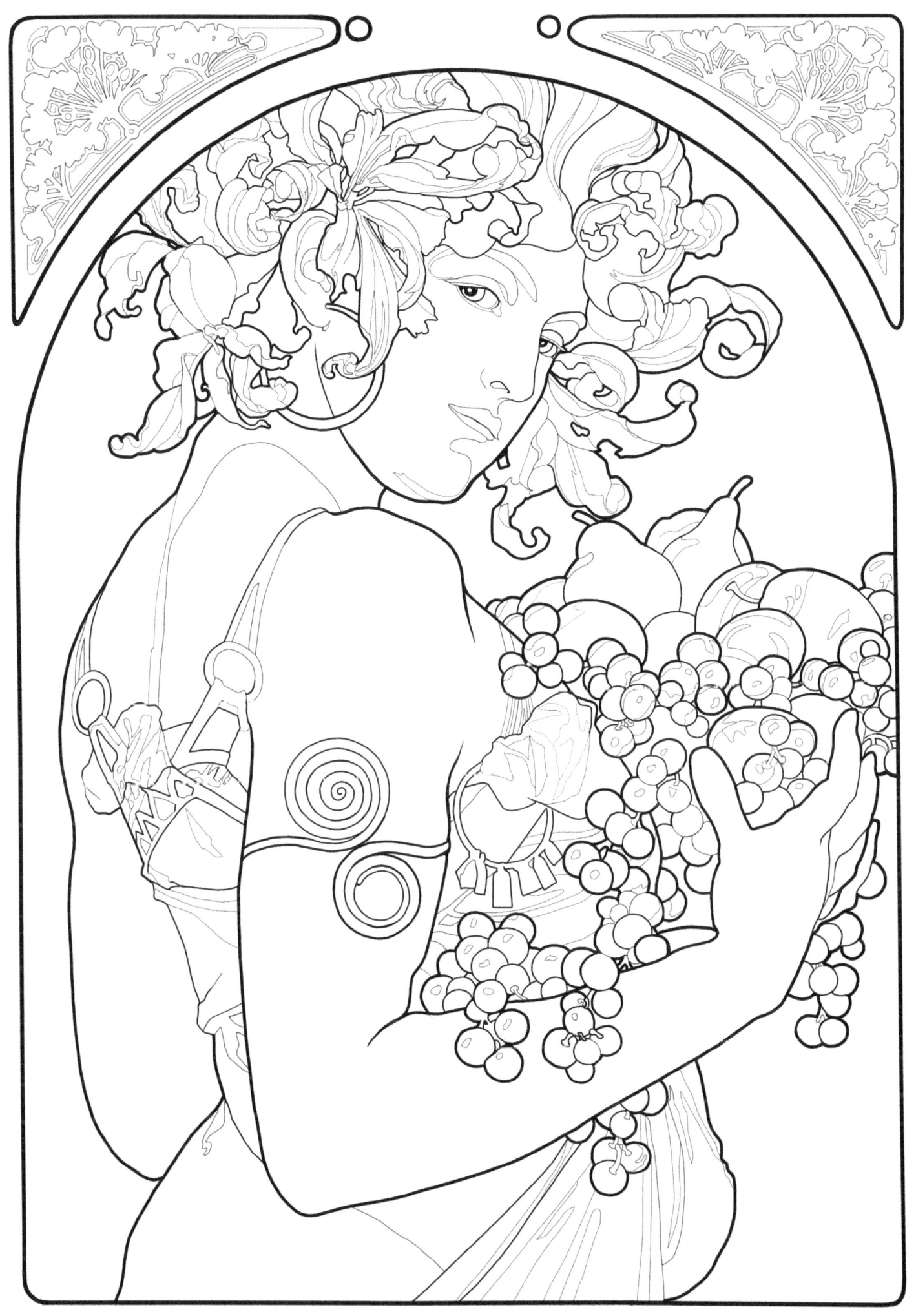

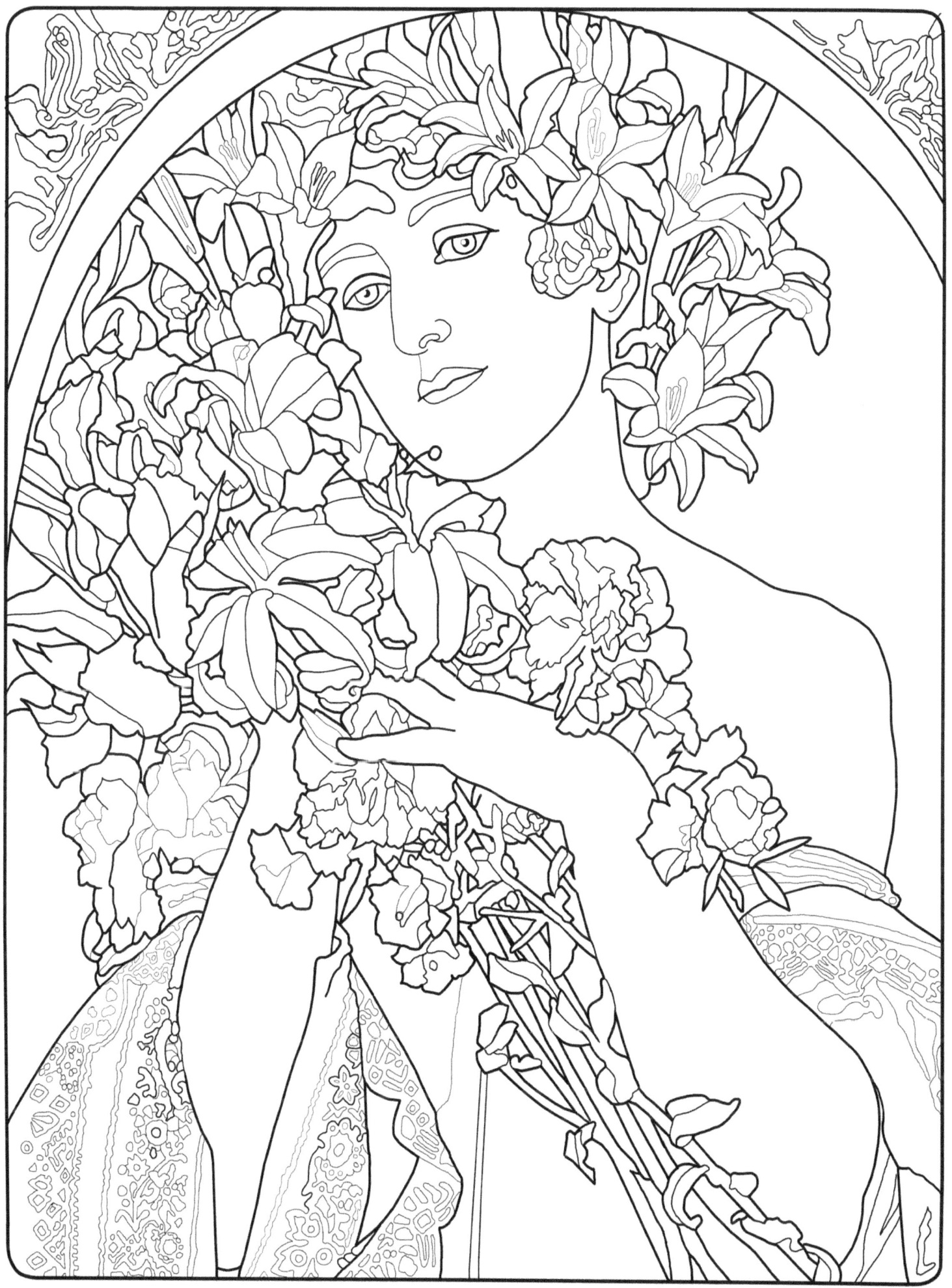

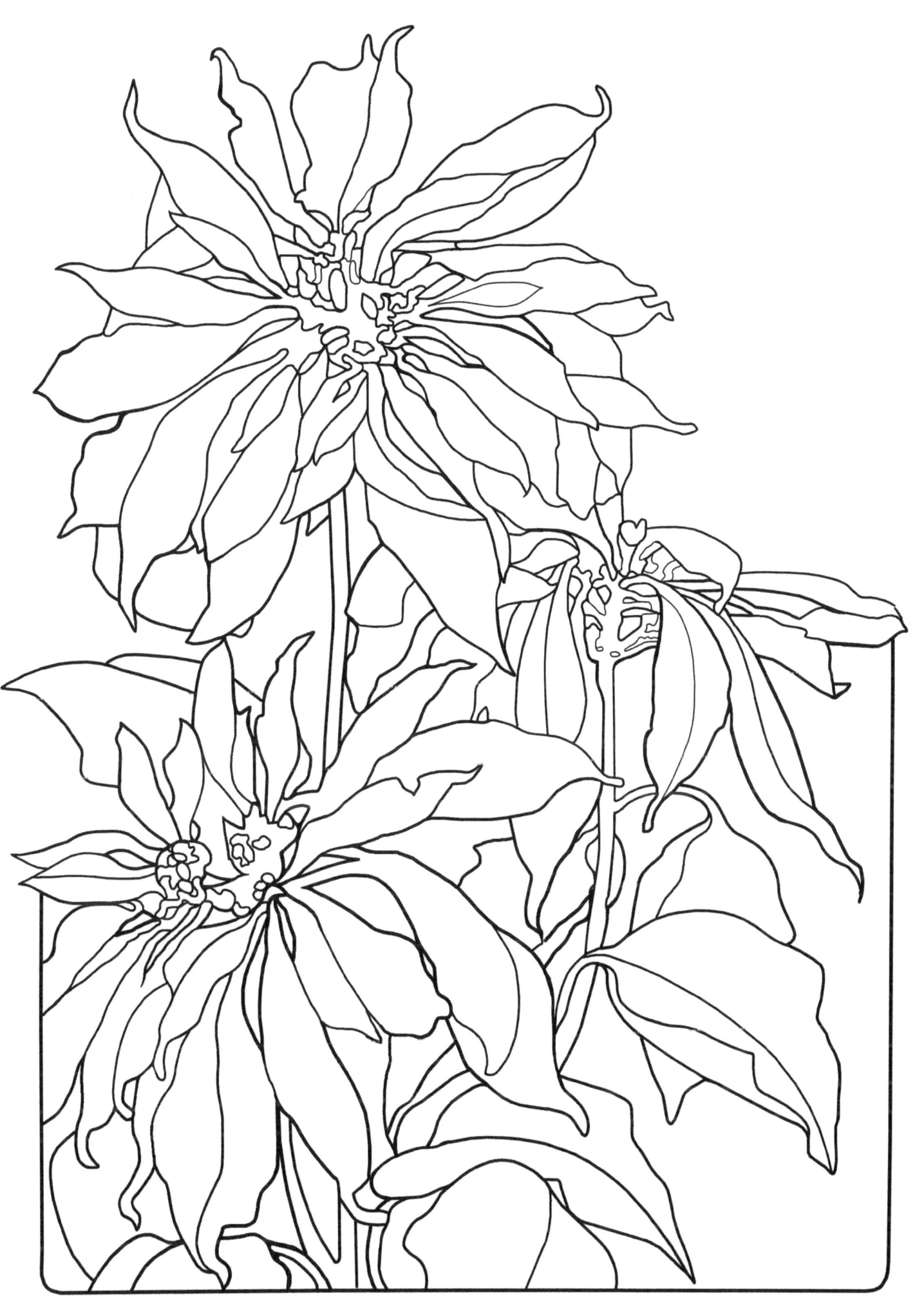

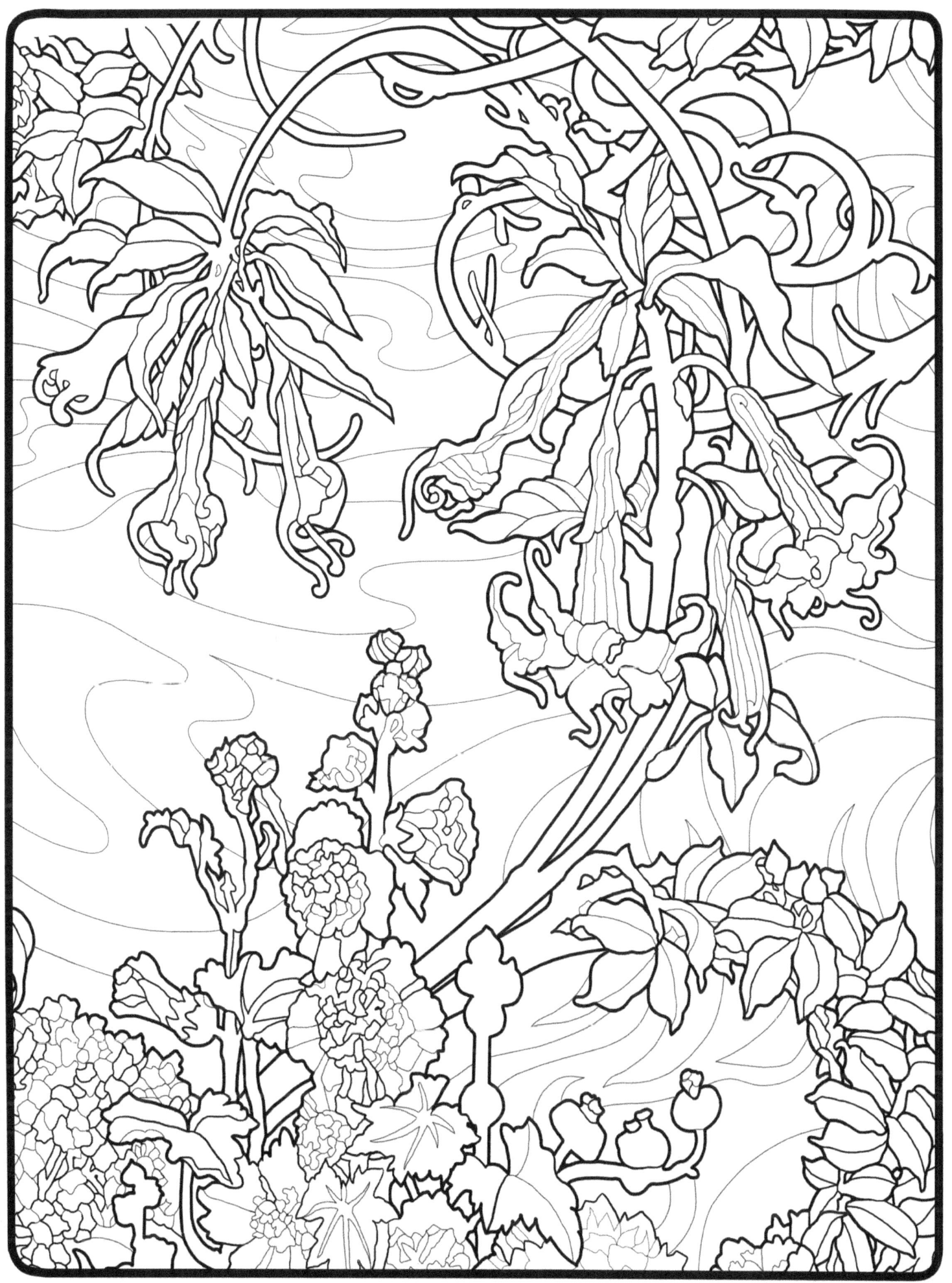

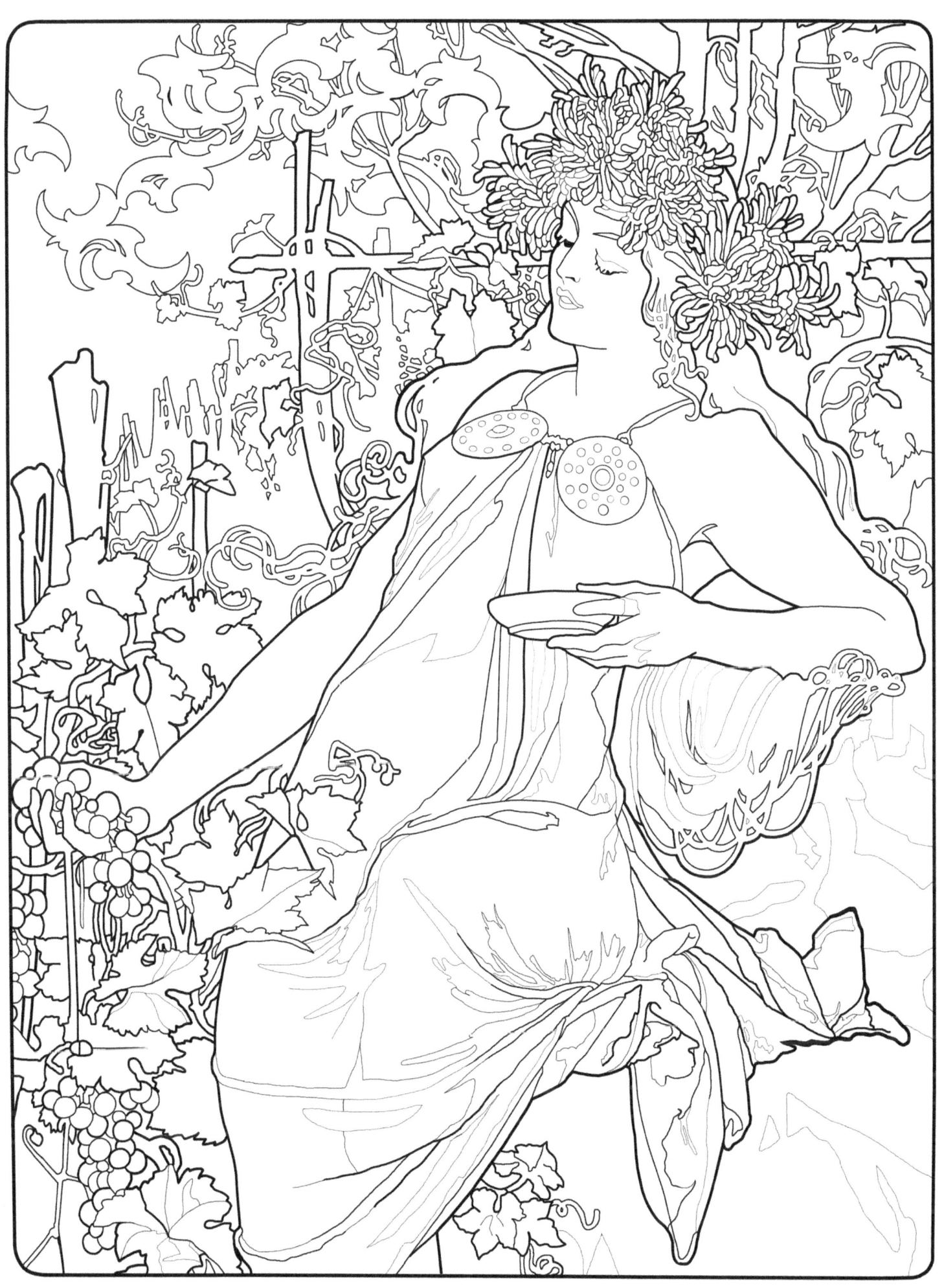

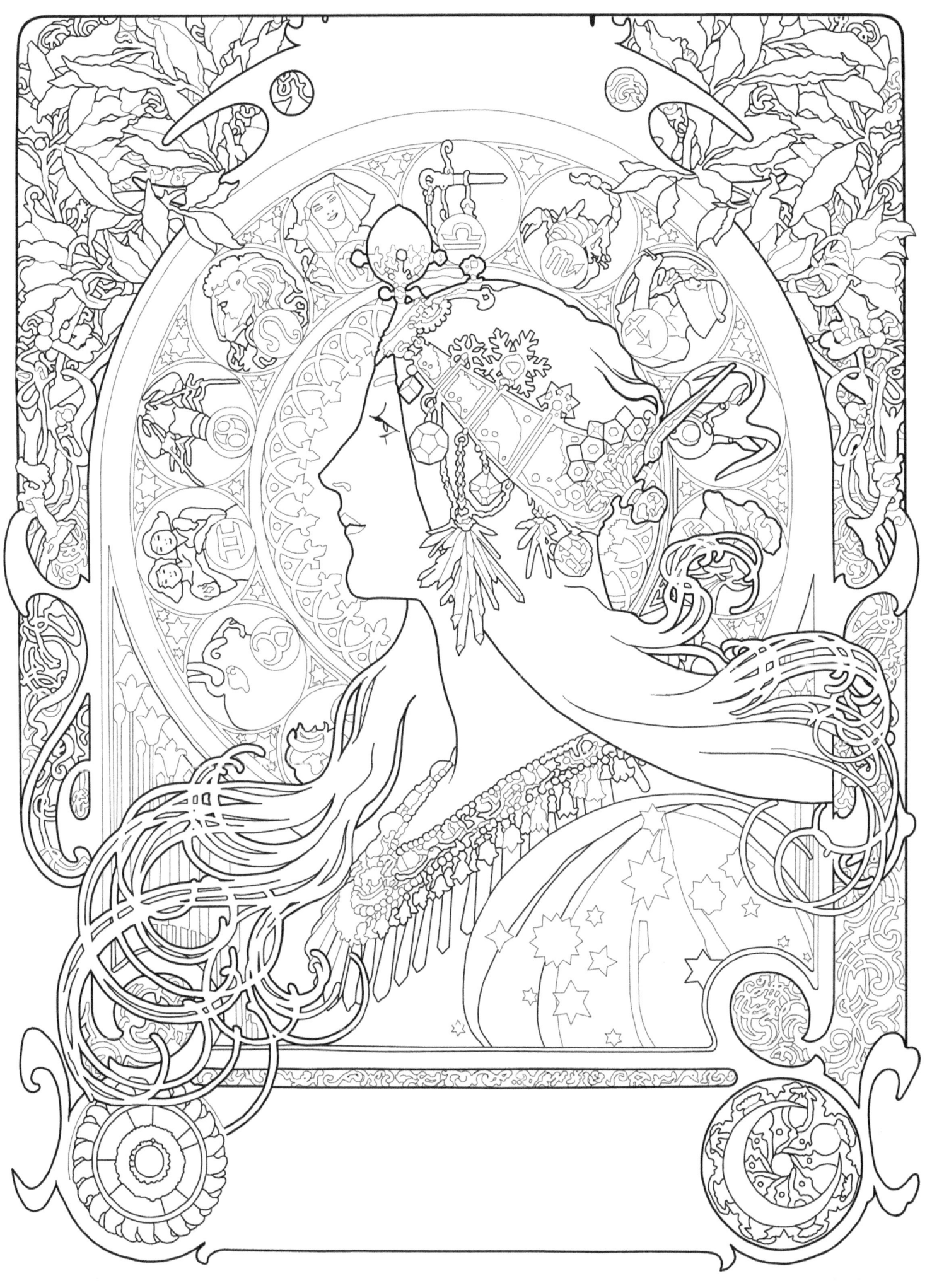

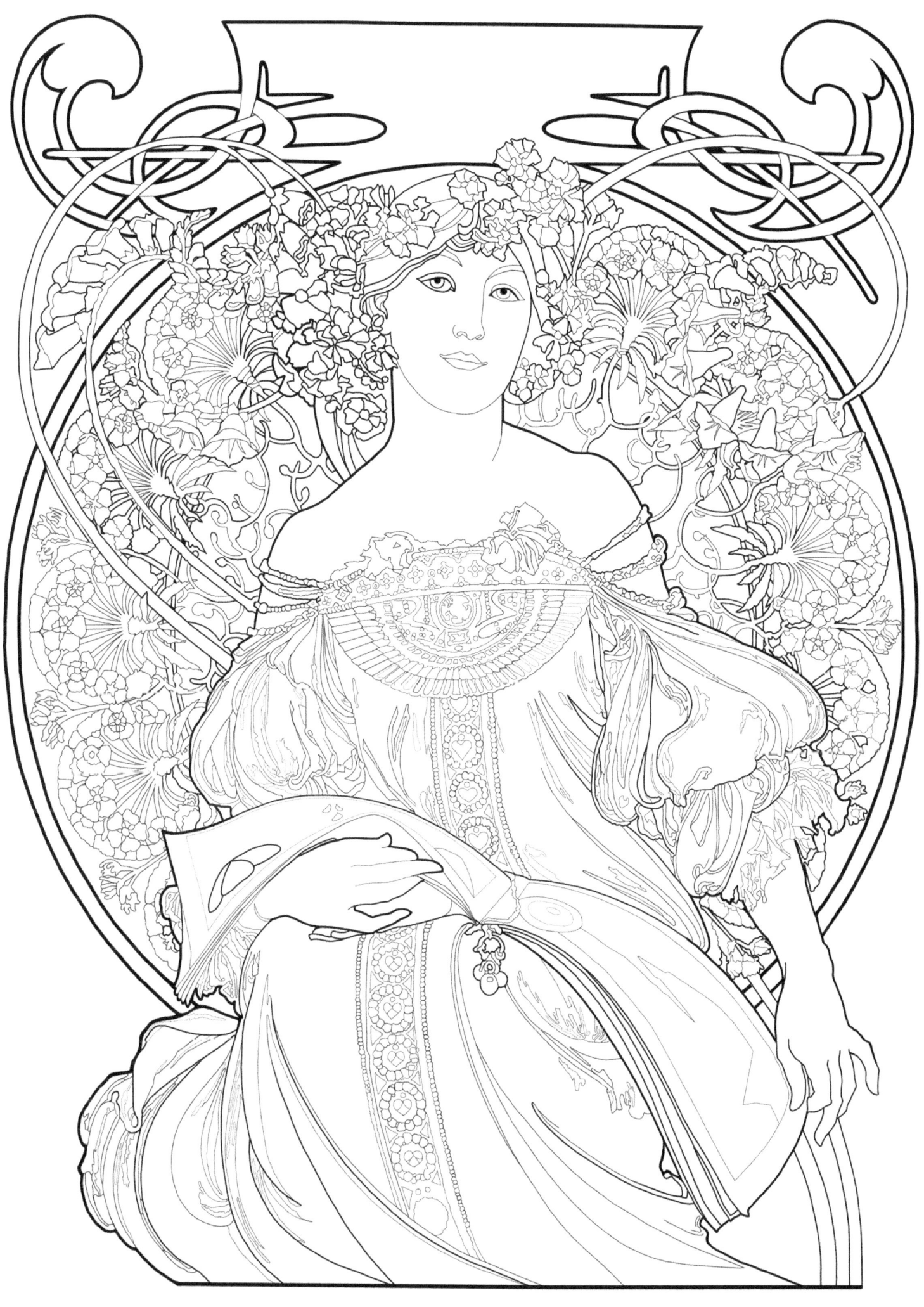

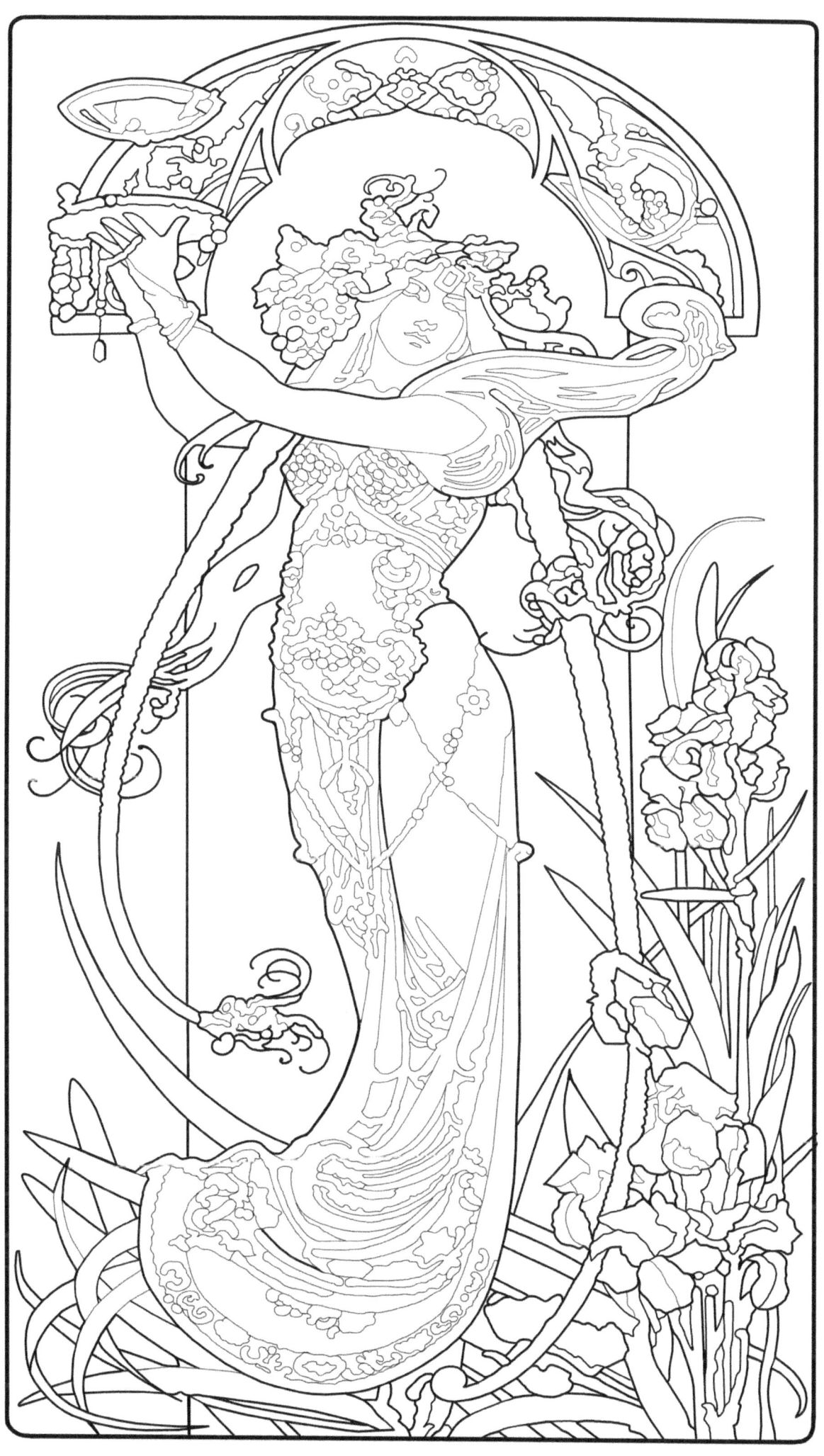

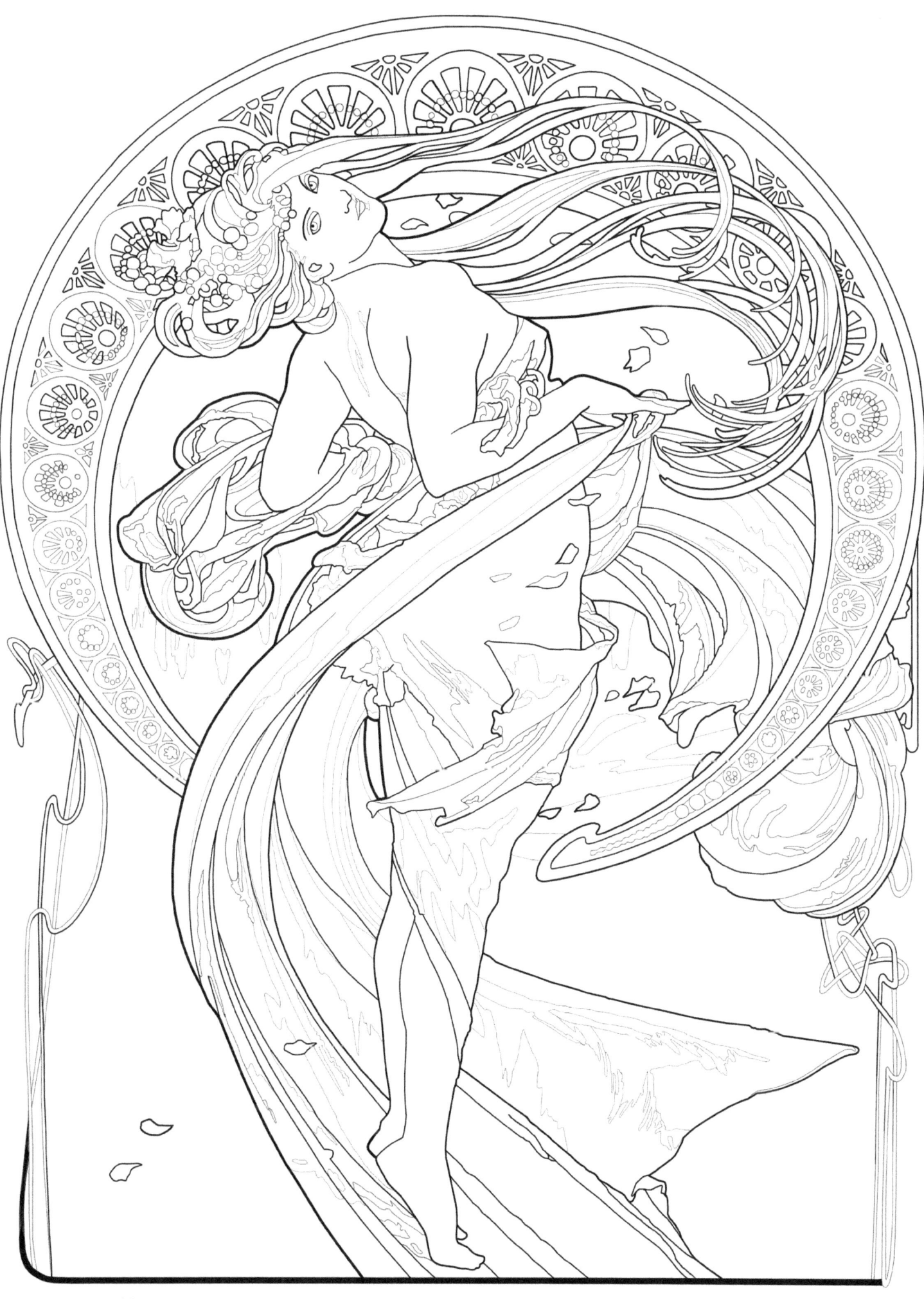

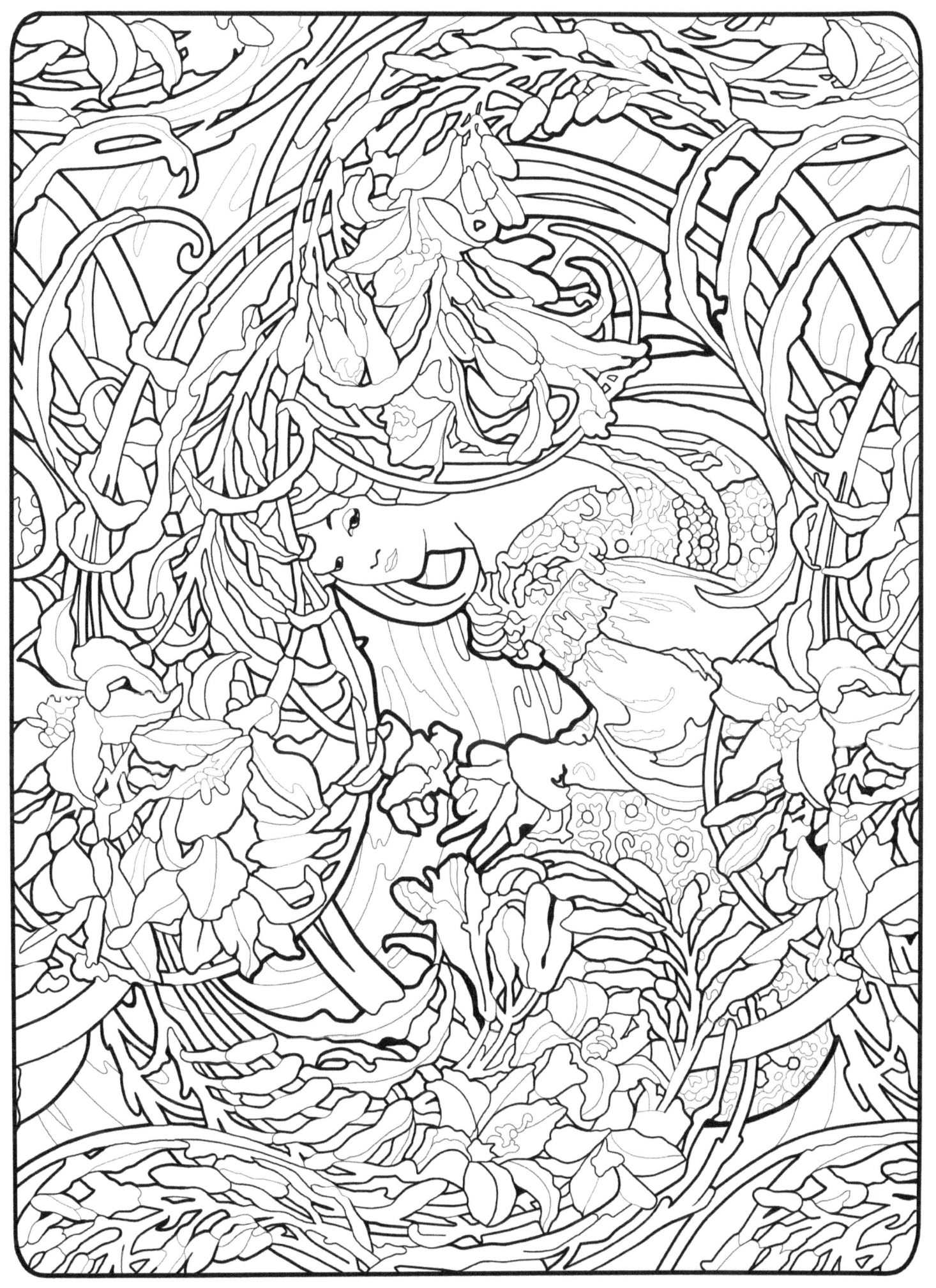

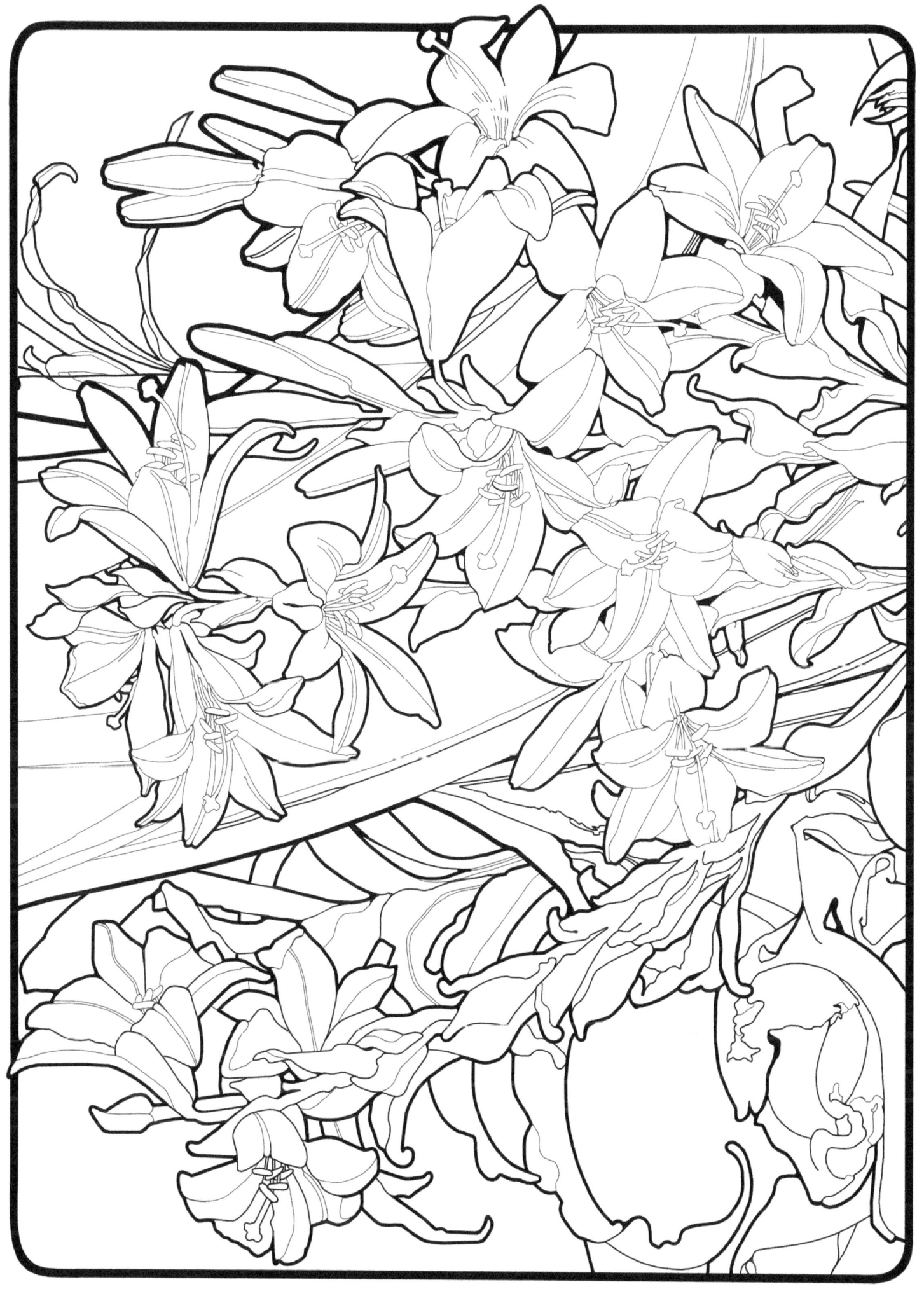

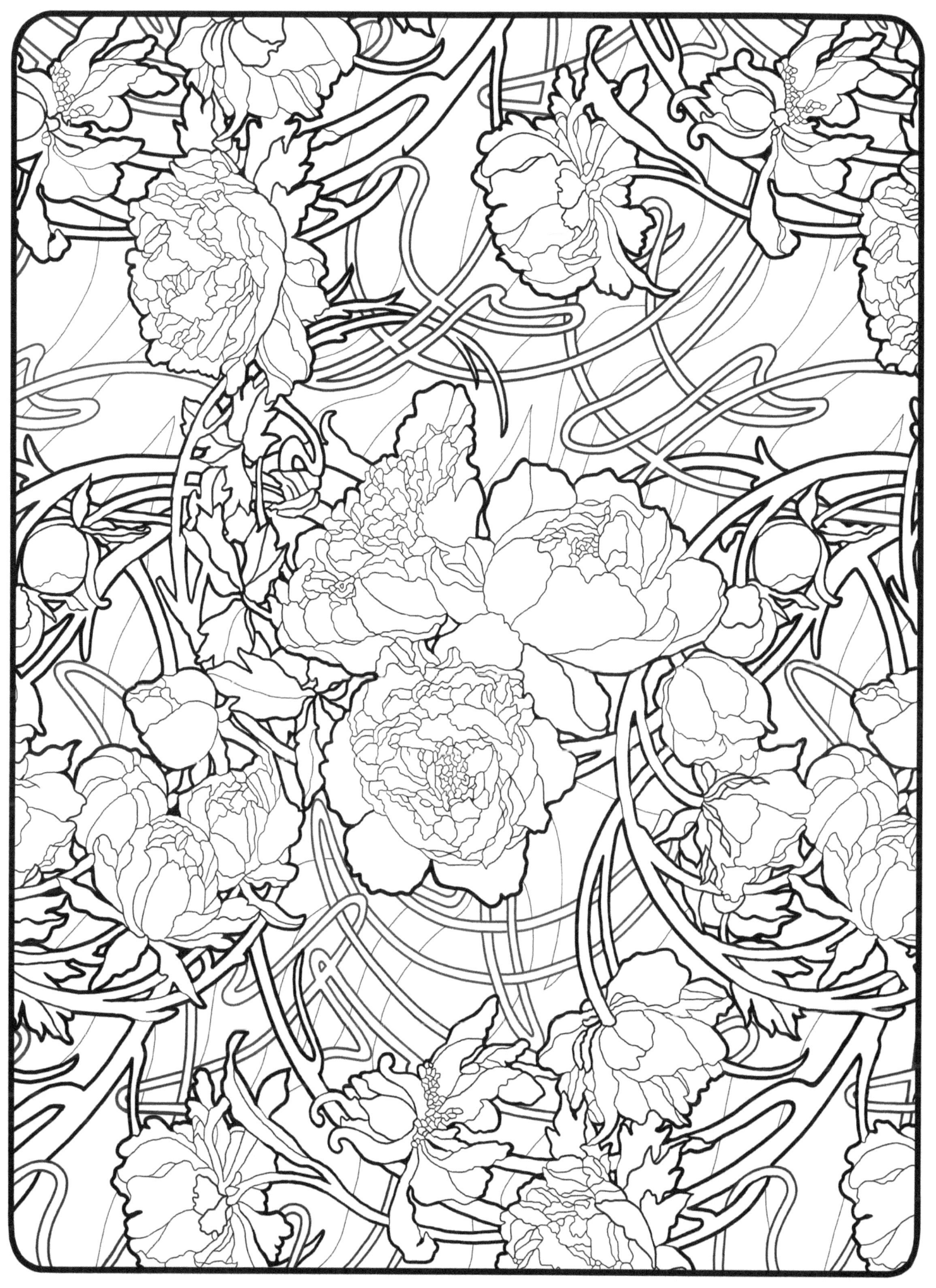

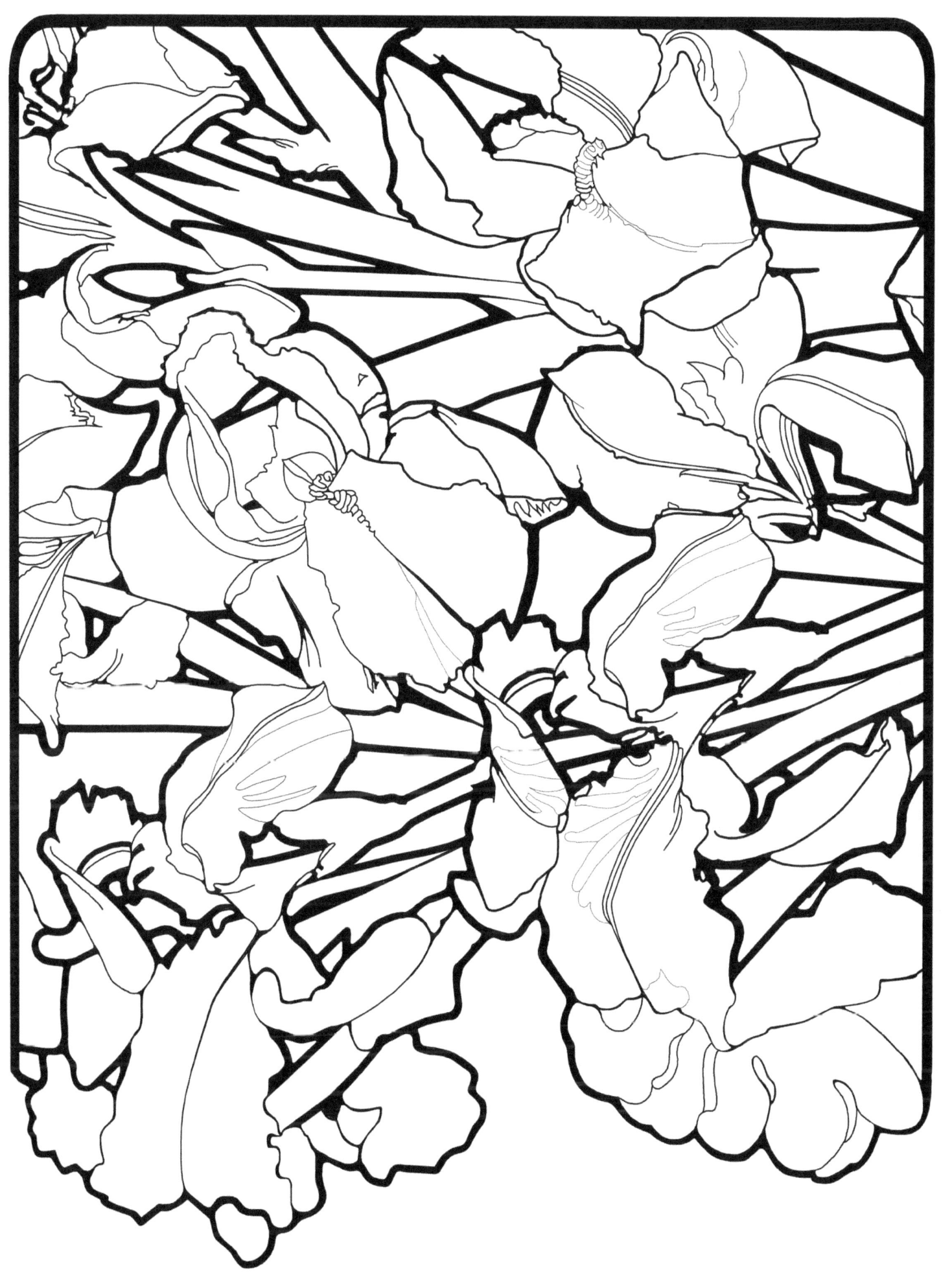

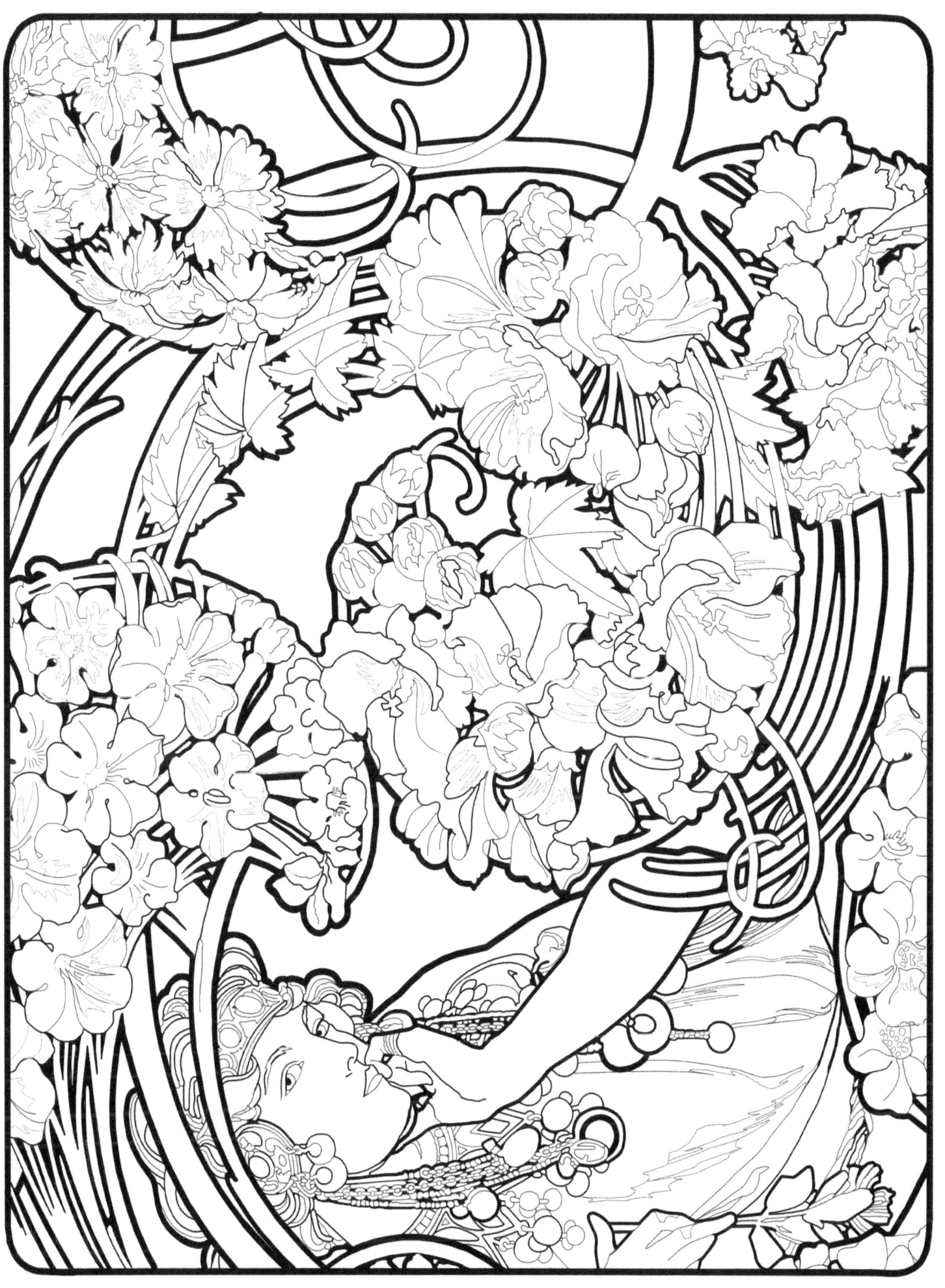

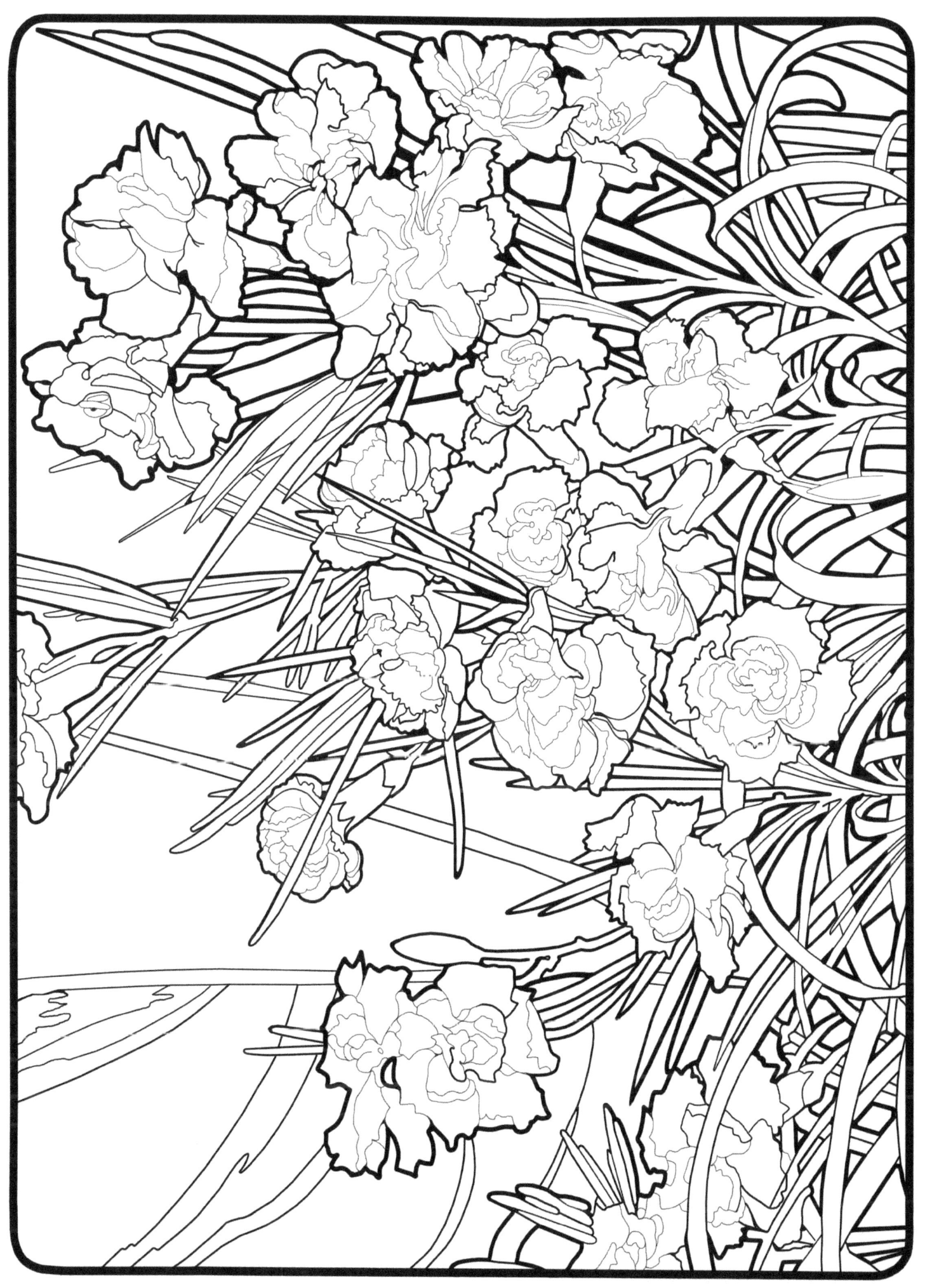

Merci d'avoir acheté la version "couverture souple" du livre *Coloriage créatif : Alfons Mucha*!

Si vous avez aimé ce livre et avez un instant pour le partager, veuillez nous laisser vos commentaires sur notre page d'Amazon.

Pour les offres spéciales et pour rester informé sur nos prochains livres, échantillons gratuits et concours, joignez-vous à notre page Facebook:

https://www.facebook.com/ExquisiteColorBook

Après vous être exercé sur ce livre à couverture souple, et si vous souhaitez produire des versions de haute qualité de ces reproductions d'Alfons Mucha, offrez-vous l'édition de luxe, qui fera aussi un cadeau apprécié. Vous pouvez l'obtenir à l'un des liens ci-dessous :

Amazon Canada - http://www.amazon.ca/Creative-Colour-Inspirations-Exquisite-Collection/dp/0994982909

Amazon US - http://www.amazon.com/dp/0994982925

Pour plus d'informations sur nos produits, visitez notre site Web à l'adresse http://www.bluelotusbooks.com